AF567533
Komm, entdecke den Weltraum mit mir.
Fliege mit zum Mond, reise zu den Sternen und besuche Planeten und ferne Galaxien.
Steige ein, die Reise beginnt.
10... 9... 8... 7... 6... 5... 4... 3... 2... 1...

AUF GEHTS IN DEN WELTRAUM

In den Weltraum kommt man nur mit einer Rakete. Astronauten und Astronautinnen, Satelliten, Raumschiffe und Raumfähren müssen erst in die Schwerelosigkeit transportiert werden.

NUR EINE **Rakete** IST SCHNELL GENUG, UM DIE SCHWERKRAFT DER ERDE ZU ÜBERWINDEN.

IN EINEM **Raumschiff** WERDEN ASTRONAUTEN UND ASTRONAUTINNEN ZUM MOND ODER ZUR RAUMSTATION GEBRACHT.

EINE **Raumfähre** LANDET NACH IHREM EINSATZ WIE EIN FLUGZEUG AUF DER ERDE. SIE KANN MEHRMALS VERWENDET WERDEN.

AUF EINER **Raumstation** ARBEITEN UND LEBEN MENSCHEN FÜR EINEN LÄNGEREN ZEITRAUM.

WIE SIEHT DEIN RAUMFAHRZEUG AUS?

WIE STARTEN RAKETEN?

Beim Start verbrennt eine Rakete große Mengen Treibstoff aus den Tanks. Dadurch entstehen Gase, die mit hoher Geschwindigkeit aus den Düsen am Fuß der Rakete strömen. Sie schießen die Rakete in die Luft.

PROBIERE ES AUS.
NIMM EINEN LUFTBALLON
UND BLASE IHN AUF.
KNOTE IHN NICHT ZU.

LASS IHN DANN LOS.

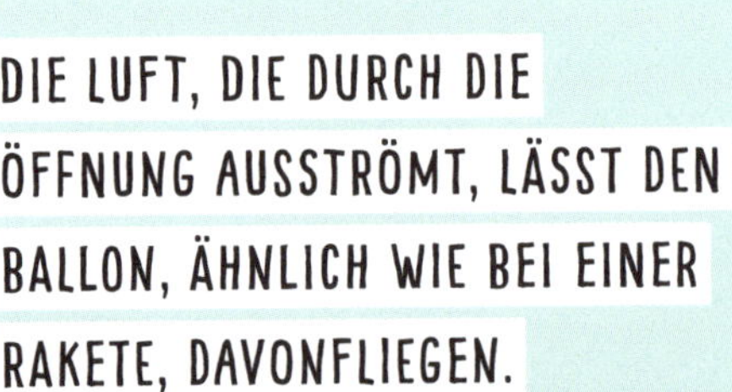

DIE LUFT, DIE DURCH DIE ÖFFNUNG AUSSTRÖMT, LÄSST DEN BALLON, ÄHNLICH WIE BEI EINER RAKETE, DAVONFLIEGEN.

BAUE EINE PAPIERRAKETE!

DU BRAUCHST:

- EIN DIN-A4-BLATT PAPIER
- EINEN BLEISTIFT
- EIN LINEAL
- EINE SCHERE
- KLEBEBAND
- EINEN TRINKHALM

1. Nimm dir ein Blatt Papier. Zeichne einen zwei Zentimeter breiten Streifen an der langen Seite des Blattes an. Schneide ihn ab.

2. Setze den Papierstreifen schräg am Bleistift an und wickle ihn fest um den Stift. Befestige die Enden des Papiers mit einem Klebestreifen.

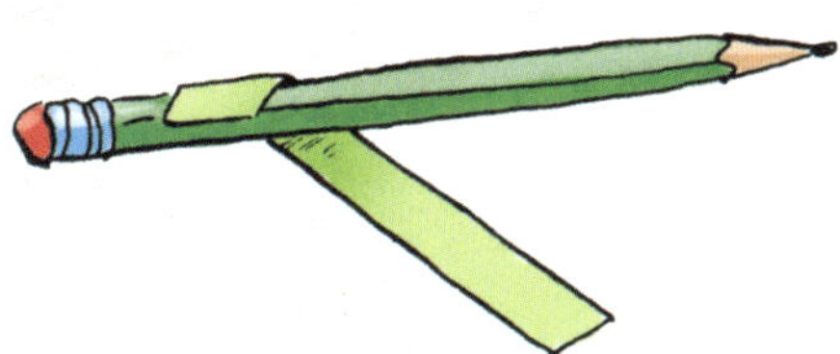

3. Entferne den Bleistift. Schneide die Enden der Papierhülse mit der Schere gerade.

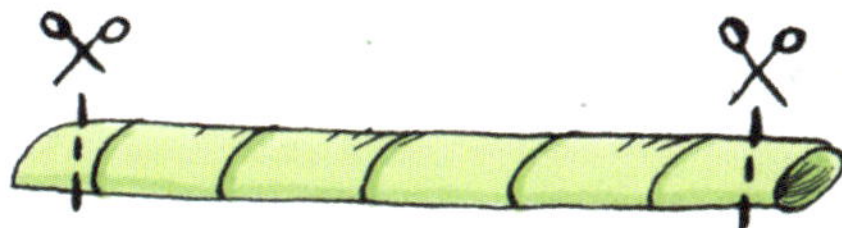

4. Knicke das obere Ende um, damit du das Röhrchen verschließen kannst. Klebe es fest.

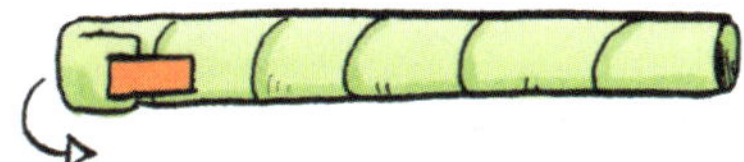

5. Pause den abgebildeten Raketenfuß dreimal auf ein Blatt Papier ab. Schneide die drei Füße aus, knicke jeweils an der gepunkteten Linie •••• den Rand um und schneide ihn an der gestrichelten Linie --- bis zum Knick ein.

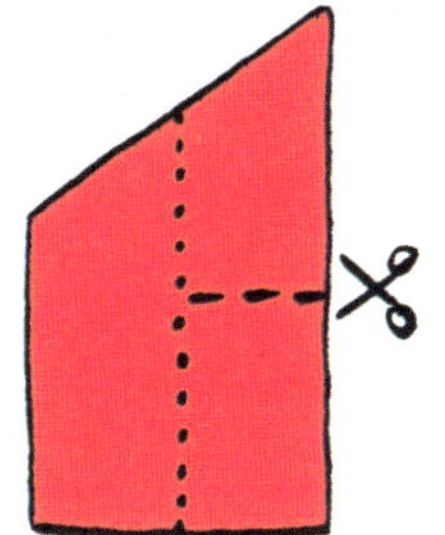

6. Falte die Lasche auseinander und klebe die Füße an die Rakete.

7. Stecke den Trinkhalm in das Papierröhrchen. Und nun kräftig pusten!

UNSER SONNENSYSTEM

MEIN VATER ERKLÄRT MIR JEDEN SONNTAG UNSEREN NACHTHIMMEL.

MIT DIESER ESELSBRÜCKE KANNST DU SIE DIR GUT MERKEN.

DIE ANFANGSBUCHSTABEN DER WÖRTER VERRATEN DIR DIE NAMEN DER PLANETEN.

URANUS

MARS

NEPTUN

JUPITER

ERDE

SATURN

PLANETEN AUS GESTEIN

DIE VIER PLANETEN, DIE DER SONNE AM NÄCHSTEN SIND, BESTEHEN HAUPTSÄCHLICH AUS GESTEIN. SIE HABEN EINE FESTE OBERFLÄCHE.

AUF DER VENUS BESTEHT DIE LUFT AUS GIFTIGEN DÄMPFEN UND ES REGNET SÄURE.

AUF DEM MARS GAB ES EINMAL WASSER UND DAMIT VIELLEICHT AUCH LEBEN.

AUF DEM MERKUR IST ES AM TAG SEHR HEIß UND NACHTS EISKALT.

AUF DER ERDE GIBT ES WASSER UND LEBEN.

AUF WELCHEM PLANETEN LEBST DU? KREUZE AN!

PLANETEN AUS GAS

JUPITER, SATURN, URANUS UND NEPTUN SIND RIESIGE GASKUGELN. AUF IHNEN IST ES SEHR KALT UND UNGLAUBLICH STÜRMISCH. GASPLANETEN HABEN KEINE FESTE OBERFLÄCHE, DU KÖNNTEST DORT EBENSO WENIG STEHEN WIE AUF EINER WOLKE.

SO SIEHT DIE OBERFLÄCHE DES SATURN AUS.

WIE WÜRDEST DU AUF EINEM GASPLANETEN LEBEN, WORIN WÜRDEST DU WOHNEN?

IMMER DIESE SCHWERKRAFT

Auf der Erde wirkt die Schwerkraft. Sie sorgt dafür, dass die Luft und die Menschen nicht in den Weltraum davonfliegen und der Apfel vom Baum Richtung Boden fällt.

MALE WEITERE DINGE UND LEBEWESEN AUF DIE ERDKUGEL, DIE VON DER SCHWERKRAFT DORT FESTGEHALTEN WERDEN.

TAG UND NACHT

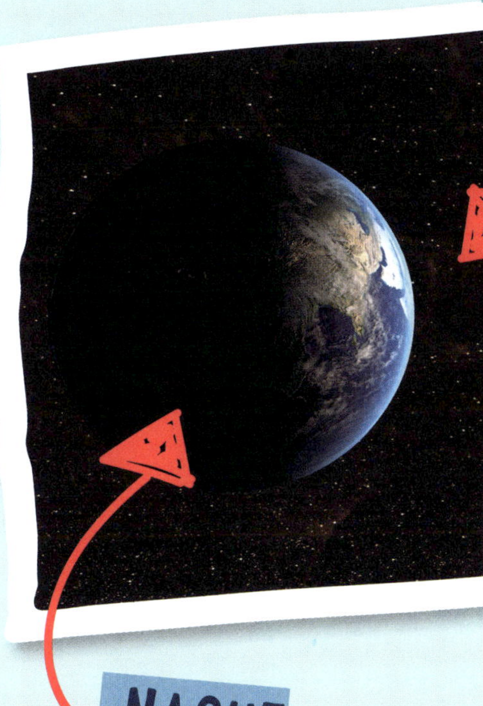

DIE ERDE DREHT SICH EIN MAL AM TAG UM IHRE EIGENE ACHSE. DESHALB GIBT ES TAG UND NACHT.

NACHT

WANN IST AN DEINEM WOHNORT TAG, WANN NACHT?

PROBIERE ES AUS!

DU BRAUCHST EINE TASCHENLAMPE, EINE ORANGE, EINE STRICKNADEL UND EINEN FILZSTIFT.

1. STICH MIT DER STRICKNADEL IN DER MITTE DURCH DIE ORANGE.
2. MALE MIT DEM FILZSTIFT EINEN PUNKT AUF DIE ORANGE. ER STELLT DEINEN WOHNORT DAR.
3. SCHALTE DIE TASCHENLAMPE AN. SIE IST DIE SONNE.
4. HALTE DIE ORANGE IN DEN LICHTKEGEL.

EBBE UND FLUT

Am Meer gibt es Ebbe und Flut. So nennt man es, wenn der Wasserspiegel sinkt oder steigt. Die Schwerkraft des Mondes zieht das Wasser an und sorgt für Ebbe und Flut.

BEI EBBE KANNST DU AUF DEM MEERESBODEN SPAZIEREN GEHEN. WAS FINDEST DU DORT?

MONDPHASEN

DER MOND ERSCHEINT AM HIMMEL GANZ UNTERSCHIEDLICH, DABEI VERÄNDERT ER SEINE FORM NIE. WIE DU IHN SIEHST, HÄNGT DAVON AB, WIE IHN DIE SONNE BELEUCHTET. JEDEN MONAT DURCHLÄUFT ER DIE MONDPHASEN.

ZUNEHMENDER MOND

VOLLMOND

ABNEHMENDER MOND

HALBMOND

HALBMOND

NEUMOND

WIE SAH DER MOND AUS, ALS DU IHN DAS LETZTE MAL BEOBACHTET HAST?

SCHATTENSPIELE

MIT EINER LAMPE UND DEINEN HÄNDEN KANNST DU SCHATTENSPIELE MACHEN. STELLE DICH VOR EINE WEIẞE WAND.
HALTE DEINE HÄNDE IN DEN LICHTKEGEL DER LAMPE UND FORME MIT IHNEN FIGUREN.

PROBIERE AUS, WIE DU DIE HÄNDE FÜR EINEN HAHN ODER EINEN STIER HALTEN MUSST.

SPAZIERGANG AUF DEM MOND

IM JAHR 1969 BETRAT DER ERSTE MENSCH DEN MOND. ES WAR DER AMERIKANER NEIL ARMSTRONG. BIS HEUTE SIND NUR 12 MENSCHEN AUF DER OBERFLÄCHE DES MONDES SPAZIEREN GEGANGEN. IHRE FUßABDRÜCKE SIND IMMER NOCH ZU SEHEN, WEIL ES AUF DEM MOND KEINEN WIND UND KEIN WETTER GIBT.

ZEICHNE DEINE FUßABDRÜCKE DAZU.

DIE MONDE DES MARS

DIE ERDE HAT EINEN MOND.
ER KREIST UM SIE.

Das ist der Mars.
Er hat zwei Monde.
Sie sehen ähnlich aus
wie Kartoffeln.

UMLAUFBAHNEN

MALE DIE MONDE DES MARS AUF DIE UMLAUFBAHNEN.

WER WOHNT IM MOND?

VON DER ERDE AUS KANNST DU DIE MONDKRATER ALS DUNKLE STELLEN ERKENNEN. MIT VIEL FANTASIE ENTDECKT MAN IN DEN FLECKEN BEKANNTE FORMEN.

ÜBER DEN MANN IM MOND GIBT ES VIELE GESCHICHTEN UND LIEDER. ANGEBLICH ZÜNDET ER ABENDS DAS LICHT IM MOND AN.

IN ASIEN GLAUBT MAN, AUF DEM MOND LEBT DER JADEHASE. AUF CHINESISCH HEIßT ER YUTU.

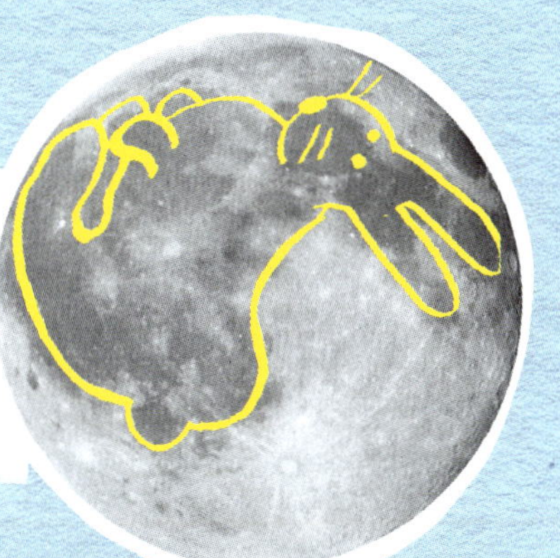

DIE MENSCHEN IN WESTAFRIKA SEHEN EIN KROKODIL. DAS KROKODIL IST BEI IHNEN HEILIG.

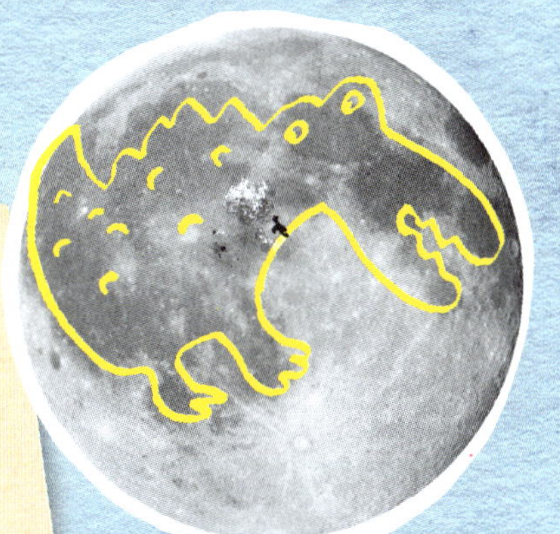

WAS SIEHST DU? UND WER WOHNT FÜR DICH AUF DEM MOND?

STERN ODER PLANET?

Ein Stern ist eine riesige Kugel aus Gas. Er ist in seinem Inneren so heiß, dass er leuchtet.

STERN

Ein Planet leuchtet nicht von alleine. Du kannst ihn nur sehen, weil er von einem Stern angestrahlt wird.

PLANET

WELCHE DINGE KENNST DU, DIE VON SELBST LEUCHTEN ODER LICHT GEBEN, OHNE DASS SIE ANGESTRAHLT WERDEN?

HAT DIE SONNE SOMMERSPROSSEN?

DIE SONNE IST EINE RIESIGE KUGEL AUS SEHR HEIẞEM GAS. AUF IHRER OBERFLÄCHE SIND VIELE DUNKLE FLECKEN. SIE HEIẞEN SONNENFLECKEN. DORT IST ES ETWAS WENIGER HEIẞ ALS AN DEN HELL LEUCHTENDEN STELLEN.

KREISE ALLE SONNENFLECKEN EIN.

DIE SCHWARZE SONNE

WENN DER MOND GENAU ZWISCHEN ERDE UND SONNE STEHT, KÖNNEN WIR DIE SONNE NICHT MEHR SEHEN. SIE SCHEINT SCHWARZ. FRÜHER GLAUBTEN DIE MENSCHEN DANN, DIE WELT GEHE UNTER. HEUTE WISSEN WIR: DAS IST EINE

SONNENFINSTERNIS.

UM EINE SONNENFINSTERNIS ZU BEOBACHTEN, BRAUCHST DU EINE SPEZIALBRILLE. SIE SCHÜTZT DEINE AUGEN. EINIGE PERSONEN HABEN KEINE. MALE IHNEN EINE AUF.

DIE LEGENDE DER MILCHSTRAßE

DIE MILCHSTRAßE IST ALS HELLES STERNENBAND LEICHT AM HIMMEL ZU FINDEN. SIE BESTEHT AUS MILLIARDEN VON STERNEN.

EINER LEGENDE NACH ENTSTAND DIE MILCHSTRAßE ALS DIE GÖTTIN HERA DEN JUNGEN HERKULES VON IHRER BRUST STIEß. DABEI SPRITZTE IHRE MILCH ÜBER DEN GANZEN HIMMEL.

MALE DIR DEINE EIGENE MILCHSTRAßE. NIMM EIN BLATT PAPIER, EINE ALTE ZAHNBÜRSTE UND EINEN MALKASTEN.

MACH DIE ZAHNBÜRSTE NASS UND TAUCHE SIE IN FARBE EIN. HALTE SIE ÜBER DAS PAPIER UND FAHRE MIT DEN FINGERN ÜBER DIE BORSTEN, SODASS DIE FARBE AUF DAS PAPIER SPRITZT. LASS DAS BILD TROCKNEN. SCHNEIDE DANN EIN STÜCK DEINER „MILCHSTRAßE" AUS UND KLEBE ES HIER EIN.

WELTRAUMTELESKOP – BLICK INS ALL

DIE SOMBRERO-GALAXIE

Mit dem Weltraumteleskop Hubble (sprich: Habbel) können Forscher ganz weit ins All sehen, denn Hubble macht Fotos und sendet sie zur Erde.

FINDE HERAUS, WIE DIE NAMEN
DER BILDER SIND.
FAHRE NACH UND VERBINDE.

DIE SÄULEN IM ADLER-NEBEL

DER HEXENBESEN-NEBEL

DER PFERDEKOPF-NEBEL

BUNTE NEBEL

NEBEL AUF DER ERDE SIND GRAU. IM WELTRAUM LEUCHTEN SIE IN DEN SCHÖNSTEN FARBEN, WENN SICH HELLE STERNE HINTER IHNEN BEFINDEN.

BUNTER STERN

- SCHNEIDE AUS EINEM STÜCK SCHWARZEM TONKARTON EINEN STERN.
- STANZE MIT EINEM LOCHER LÖCHER HINEIN.
- KLEBE AUF DIE LÖCHER BUNTES TRANSPARENTPAPIER.
- KLEBE DEN STERN ANS FENSTER.
- SCHEINT DIE SONNE HINDURCH, LEUCHTEN DIE FARBEN AUF.

MALE DEIN EIGENES STERNBILD

NOCH BEVOR ES NAVIGATIONSSYSTEME UND LÄNDERKARTEN GAB, ORIENTIERTEN SICH DIE MENSCHEN AN DEN STERNEN. IM LAUFE DER ZEIT HABEN DIE MENSCHEN STERNBILDER ENTDECKT UND IHNEN NAMEN GEGEBEN.

Such dir ein paar Sterne aus und verbinde sie mit Linien. Wie könnte dein Sternbild heißen?

DER GROẞE BÄR

GROß, GRÖßER, UNIVERSUM

DIE ENTSTEHUNG DES UNIVERSUMS WIRD AUCH URKNALL GENANNT. SEITDEM ENTSTANDEN STERNE UND GALAXIEN. DAS UNIVERSUM WÄCHST UND DIE STERNE UND GALAXIEN ENTFERNEN SICH VONEINANDER.

PROBIERE ES AUS!

MALE MIT EINEM FOLIENSTIFT KRINGEL UND PUNKTE AUF EINEN NICHT AUFGEBLASENEN LUFTBALLON. DAS SIND GALAXIEN UND STERNE. PUSTE DEN BALLON DANN AUF. WAS GESCHIEHT?

DEINE GALAXIE

Eine Ansammlung von Milliarden von Sternen nennt man Galaxie. Unsere Galaxie heißt Milchstraße. Wegen ihrer Form nennt man sie Spiralgalaxie.

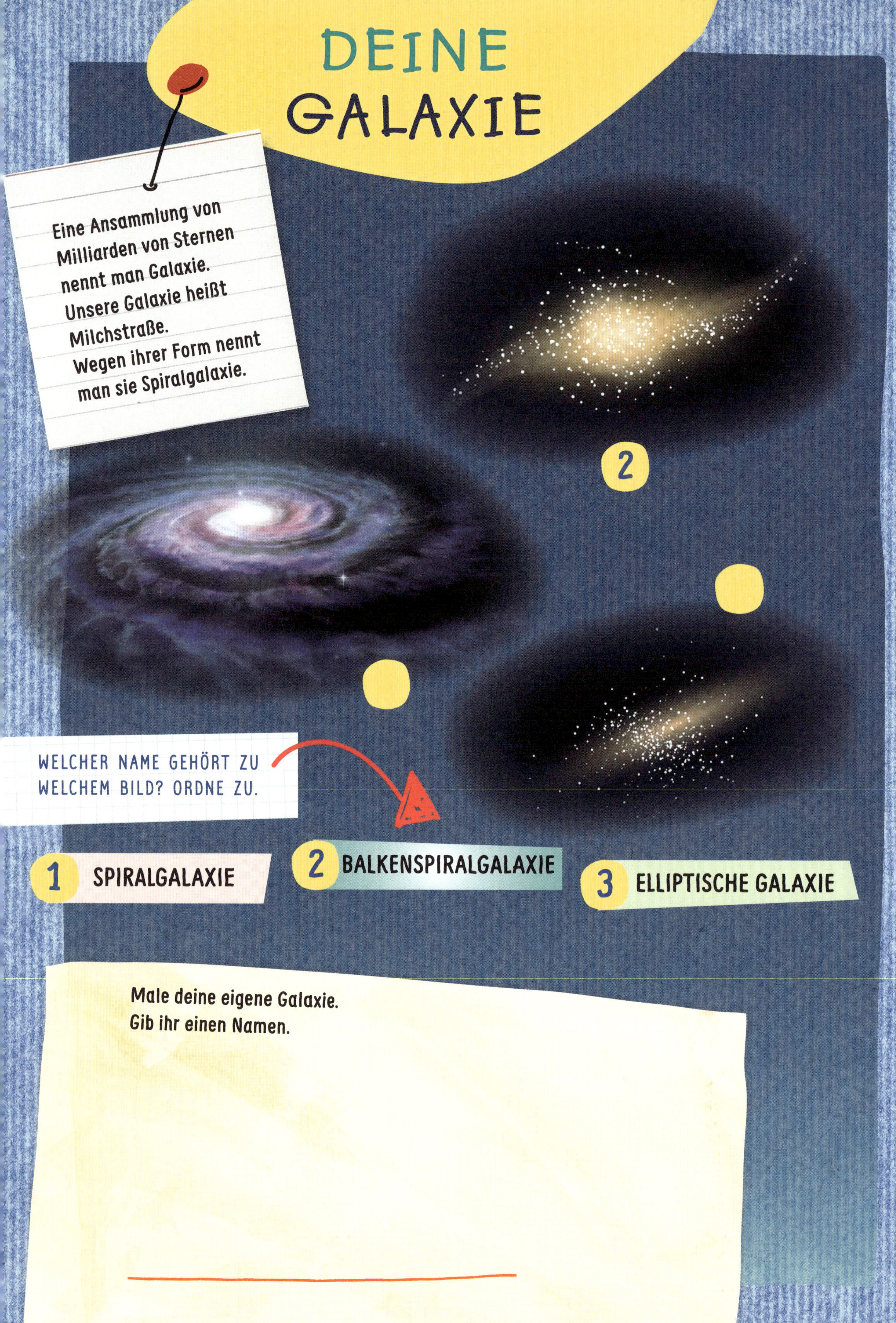

WELCHER NAME GEHÖRT ZU WELCHEM BILD? ORDNE ZU.

1 SPIRALGALAXIE

2 BALKENSPIRALGALAXIE

3 ELLIPTISCHE GALAXIE

Male deine eigene Galaxie.
Gib ihr einen Namen.

DAS LEBEN EINES STERNS

STERNE WERDEN IN NEBELN GEBOREN. BEVOR SIE STERBEN BLÄHEN SIE SICH AUF UND LEUCHTEN ROT. DANN NENNT MAN SIE ROTER RIESE. SPÄTER SCHLEUDERN SIE GAS IN DEN WELTRAUM, SCHRUMPFEN UND KÜHLEN AB. DANN HEIẞEN SIE WEIẞER ZWERG.

EIN STERN

SCHNEIDE DIE DREI BILDER DES STERNS AUS UND ERGÄNZE DAS LEBEN DES STERNS IN DER RICHTIGEN REIHENFOLGE.

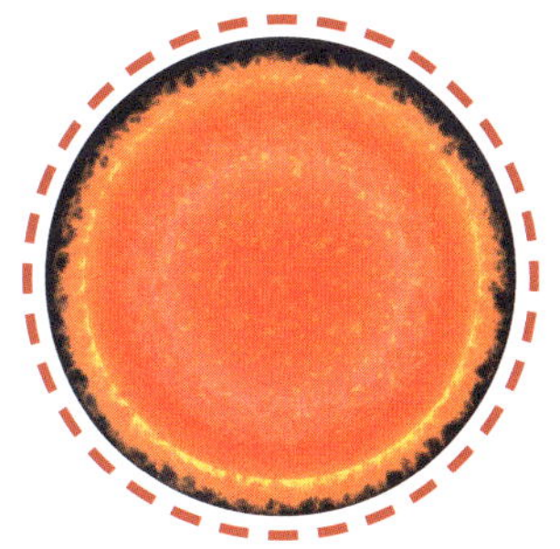

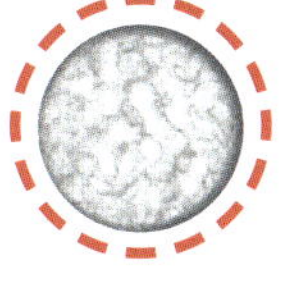

SCHWARZE LÖCHER

GRÖßERE STERNE ALS UNSERE SONNE STERBEN IN EINER GEWALTIGEN EXPLOSION. DANACH FALLEN SIE IN SICH ZUSAMMEN, BIS NUR NOCH EIN KLEINER KERN ÜBRIG BLEIBT. SO EINEN STERN NENNT MAN SCHWARZES LOCH.

SCHWARZE LÖCHER SAUGEN ALLES IN IHRER NÄHE EIN UND VERSCHLINGEN STERNE, GALAXIEN UND LICHT.

ERLEBE SELBST, WIE EIN SCHWARZES LOCH FUNKTIONIERT. STECKE DEN STÖPSEL INS WASCHBECKEN. FÜLLE ES ZUR HÄLFTE MIT WASSER. STREUE EIN PAAR KONFETTISCHNIPSEL IN DAS WASSER. DAS SIND DEINE STERNE UND GALAXIEN. ZIEHE DEN STÖPSEL.

Im Weltraum fliegen viele Gesteinsbrocken herum. Sie können so groß wie kleine Planeten sein, aber auch sehr klein. Die großen Felsen nennt man Asteroiden, die kleinen Meteoroiden. Stürzt einer dieser Gesteinsbrocken auf einen Planeten, heißt er Meteorit.

Asteroid

Meteoroiden

GEHE NACH DRAUSSEN UND FEGE MIT EINEM BESEN ETWAS STAUB ZUSAMMEN. HALTE EINEN MAGNETEN DARAN. BLEIBEN STAUBKÖRNCHEN AN IHM HÄNGEN, HANDELT ES SICH VIELLEICHT UM METEORITENSTAUB.

Meteorit

WÜNSCH DIR WAS!

STERNSCHNUPPEN SIND WINZIGE STEIN- ODER METALLKÖRNCHEN. SIE VERGLÜHEN, WENN SIE IN DIE LUFTHÜLLE DER ERDE EINTAUCHEN. IM AUGUST UND DEZEMBER SIND BESONDERS VIELE AM NACHTHIMMEL ZU SEHEN. GEHE HINAUS UND ZÄHLE SIE.

Es heißt, man darf sich etwas wünschen, wenn man eine entdeckt.

WAS WÜNSCHST DU DIR?

SCHMUTZIGE EISKLUMPEN

Einen Kometen kannst du dir ähnlich wie einen großen Eisklumpen vorstellen. Nur dreckiger und sehr viel größer.

KOMETEN RASEN MIT HOHER GESCHWINDIGKEIT UM DIE SONNE. KOMMEN SIE IHR DABEI SEHR NAHE, VERDAMPFT DAS EIS. DAS VERDAMPFTE GAS SIEHST DU ALS HELLEN SCHWEIF.

SO SIEHT EIN KOMET AUS.

UND WIE SIEHT DEIN KOMET AUS?

WELTRAUM-SCHROTT

Im Weltraum bewegen sich viele Dinge auf Umlaufbahnen um die Erde. Dazu gehören Satelliten, aber auch Gegenstände, die bei einem Weltraumeinsatz aus Versehen davongeschwebt sind.

EINIGE GEGENSTÄNDE GEHÖREN HIER NICHT HIN. HILF, SIE EINZUSAMMELN. VERBINDE SIE.

DIE ERDE VON OBEN

WENN DIE BESATZUNG DER INTERNATIONALEN RAUMSTATION (ISS) AUS DEM FENSTER SIEHT, SIEHT SIE DIE ERDE VON OBEN. IST IN DER GEGEND, ÜBER DIE SIE GERADE FLIEGT, DER HIMMEL KLAR, KÖNNEN SIE EINZELNE LÄNDER, OZEANE UND ERDTEILE GUT ERKENNEN.

ERKENNST DU DEN ERDTEIL? KREUZE AN.

☐ ASIEN

☐ EUROPA

☐ AFRIKA

☐ NORDAMERIKA

☐ SÜDDAMERIKA

☐ AUSTRALIEN

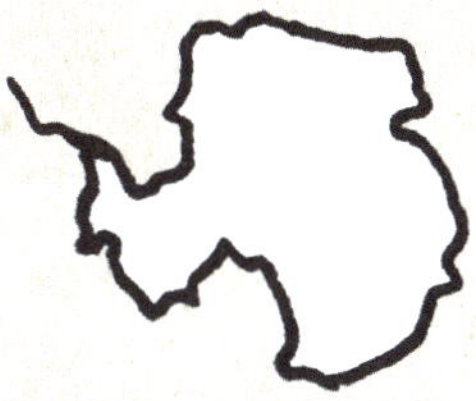

☐ ANTARKTIS

AUF WELCHEM ERDTEIL LEBST DU? MALE IHN AUS.

OH, EINE KABINE IST NOCH FREI. WILLST DU MIT? DANN SCHREIBE DEINEN NAMEN AUF DAS SCHILD NEBEN DER TÜR.
IN DEN LABOREN WERDEN VERSUCHE DURCHGEFÜHRT.
LABOR
LUFTSCHLEUSE
MIT DEN FÜßEN IN DEN SCHLAUFEN KANN EIN ASTRONAUT ODER EINE ASTRONAUTIN DEN COMPUTER BEDIENEN, OHNE DAVONZUSCHWEBEN.
AUF DER RÜCKSEITE DER LUFTSCHLEUSE HÄNGEN DIE RAUMANZÜGE FÜR DIE AUßENEINSÄTZE.

AUF DER RAUMSTATION

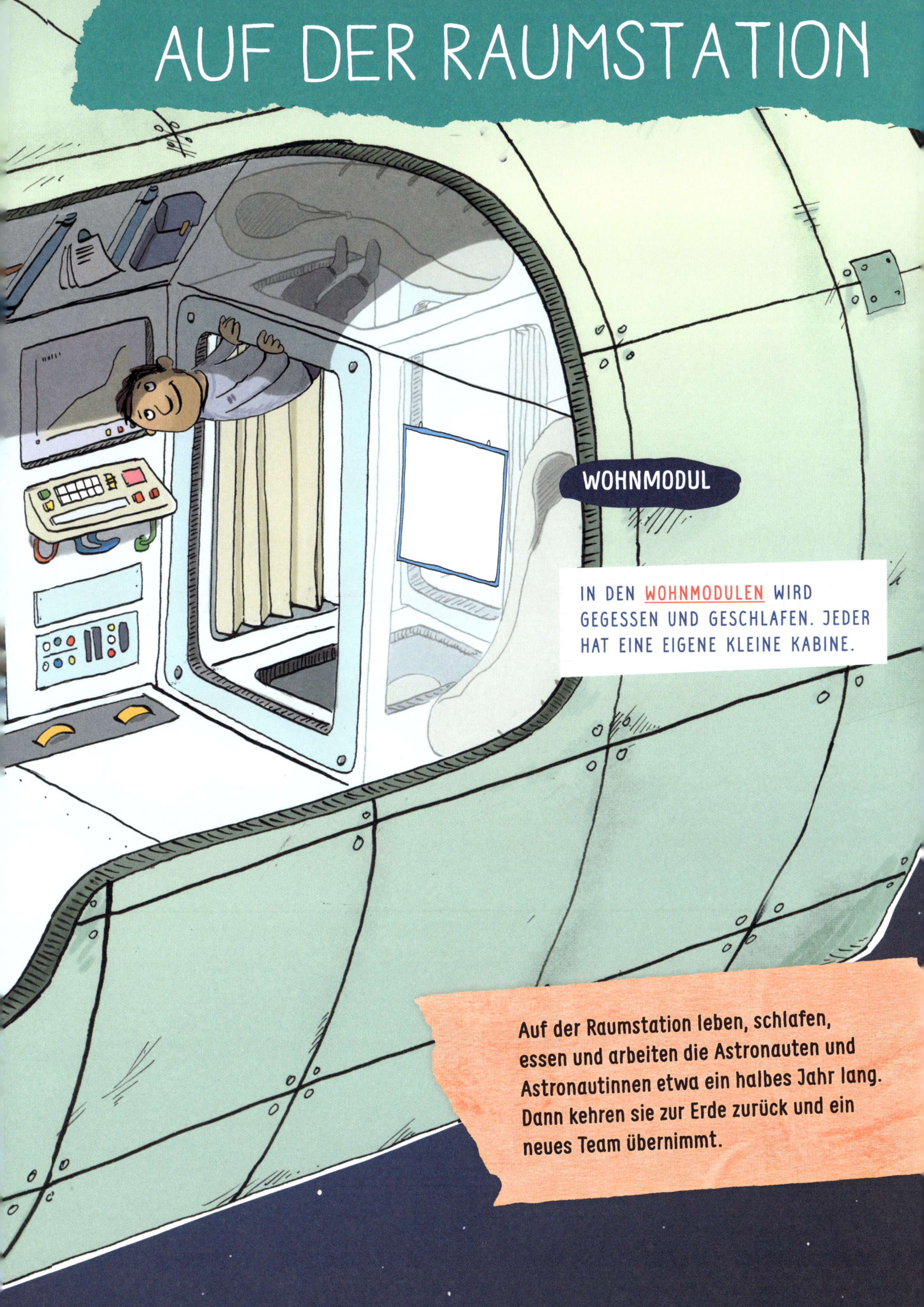

Auf der Raumstation leben, schlafen, essen und arbeiten die Astronauten und Astronautinnen etwa ein halbes Jahr lang. Dann kehren sie zur Erde zurück und ein neues Team übernimmt.

Was würde alles passieren, wenn die Astronauten und Astronautinnen ihr Essen, ihre Sachen und Instrumente nicht befestigen würden?

BITTE ANSCHNALLEN!
ALLES, WAS AUF DER ISS NICHT FESTGEBUNDEN ODER ANGEHEFTET IST, SCHWEBT DAVON: BÜCHER, FOTOS UND AUCH MENSCHEN. DESHALB KÖNNEN SICH DIE ASTRONAUTEN UND ASTRONAUTINNEN NICHT EINFACH INS BETT LEGEN UND SCHLAFEN. SIE MÜSSEN SICH ANSCHNALLEN, DAMIT SIE NACHTS NICHT HERUMSCHWEBEN.
MALE WEITERE SCHNALLEN AN DEN SCHLAFSACK. SONST FLIEGT DER ASTRONAUT DAVON.

WAS MACHT DER KLETTVERSCHLUSS IM WELTRAUM?
LEV-33
ASTRONAUTEN UND ASTRONAUTINNEN HABEN AN IHREN ANZÜGEN GANZ VIELE KLETTVERSCHLÜSSE. AUCH VIELE GEGENSTÄNDE AUF DER RAUMSTATION SIND DAMIT VERSEHEN, DAMIT DIE DINGE AN ORT UND STELLE BLEIBEN. WELCHE WÜRDEST DU DAMIT BEFESTIGEN?
KREISE EIN!

WAS TRÄGT EIN ASTRONAUT?

Im Weltraum tragen Astronauten einen Raumanzug. Er besteht aus bis zu 14 Schichten. Sie schützen vor gefährlicher Strahlung, vor Verletzungen durch winzige Meteoroiden und kühlen die Astronauten bei ihren anstrengenden Einsätzen. Das Anziehen dauert sehr lange. Außerdem tragen sie eine Windel, denn sie können zwischendurch nicht mal schnell aufs Klo gehen.

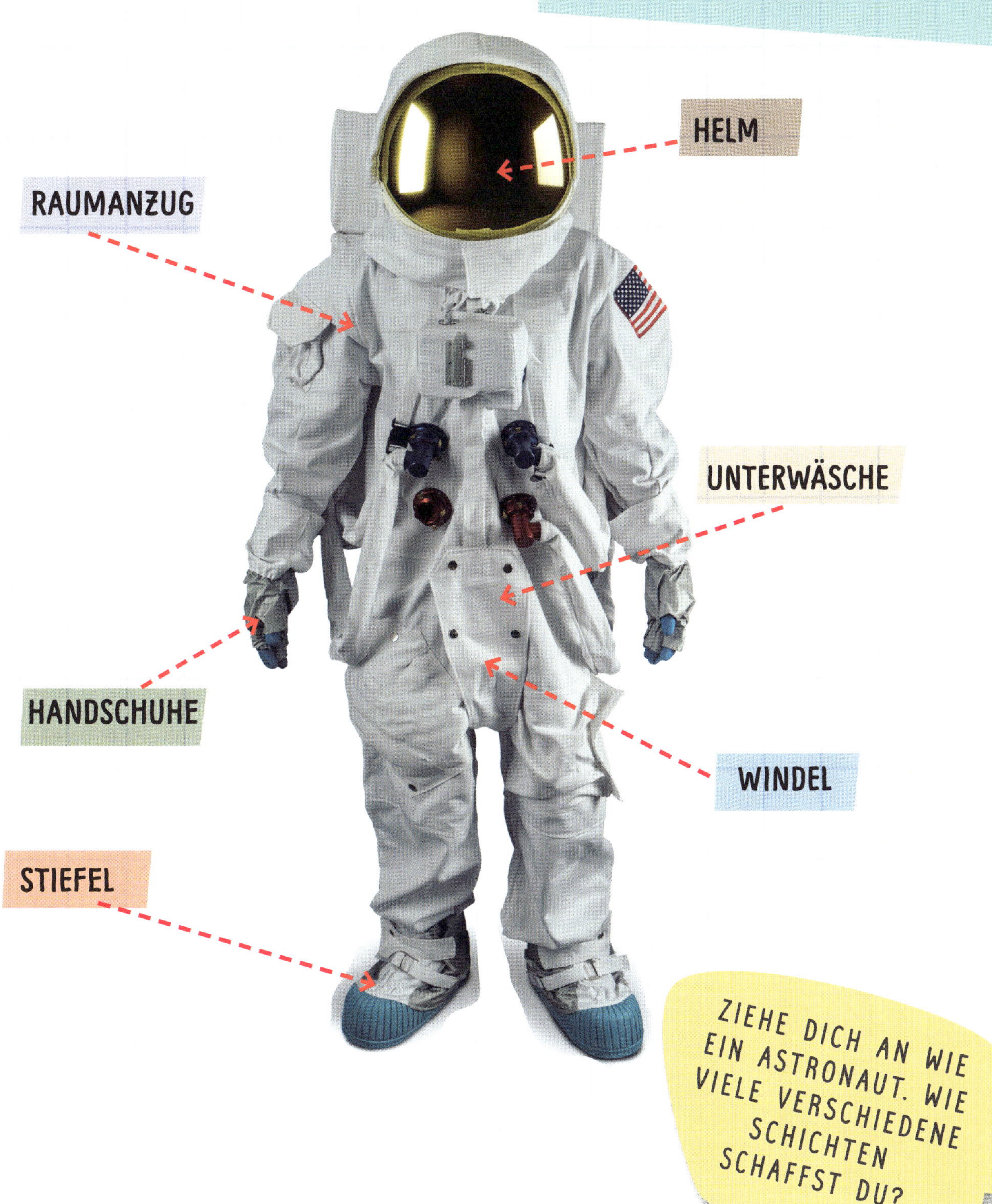

ZIEHE DICH AN WIE EIN ASTRONAUT. WIE VIELE VERSCHIEDENE SCHICHTEN SCHAFFST DU?

RICHTIG VERBUNDEN?
HILFE!
DER ASTRONAUT HAT DIE VERBINDUNG
ZUM RAUMSCHIFF VERLOREN.
HILF IHM, WIEDER ZURÜCK AN BORD ZU KOMMEN.
WELCHES SEIL MUSS ER DAZU GREIFEN?
MANCHMAL MUSS EIN ASTRONAUT DAS RAUMSCHIFF VERLASSEN. ZUM BEISPIEL, UM ETWAS ZU REPARIEREN. DANN LEINT ER SICH AN, DAMIT ER NICHT AUS VERSEHEN DAVONFLIEGT.

TIERE IM WELTRAUM

BEVOR DIE ERSTEN MENSCHEN IN DEN WELTRAUM FLOGEN, SCHICKTEN SIE TIERE DORTHIN. HUNDE, AFFEN UND MÄUSE STARTETEN SCHON MIT RAKETEN INS ALL. AUCH FRUCHTFLIEGEN, KATZEN, FRÖSCHE, FISCHE UND EINE SCHILDKRÖTE WAREN SCHON DORT.

WELCHES TIER WÜRDEST DU MIT IN DEN WELTRAUM NEHMEN?

In der Ausbildung lernen die Astronauten und die Astronautinnen tauchen, denn unter Wasser fühlt es sich fast so an wie in der Schwerelosigkeit. Deshalb üben sie dort viele Handgriffe.

KANN MAN LERNEN, SICH IN DER SCHWERELOSIGKEIT ZU BEWEGEN?

WER SCHWIMMT DENN DA? VERBINDE DIE PUNKTE.

1 2 3 4 5 6 7 8 9 10 11 12 13 14 15 16 17 18 19 20 21 22 23 24 25 26 27 28 29 30

PROBIERE ES BEI DEINEM NÄCHSTEN BESUCH IM SCHWIMMBAD AUS. TAUCHE NACH GEGENSTÄNDEN UND VERSUCHE, DICH UNTER WASSER MIT ANDEREN ZU VERSTÄNDIGEN.

ICH PACKE MEINEN KOFFER

GESCHAFFT!

KLEBE EIN FOTO VON DIR EIN.

DU FLIEGST ALS ASTRONAUT ODER ASTRONAUTIN MIT IN DEN WELTRAUM. ZIEHE DEINEN WELTRAUMANZUG AN.

GIBT ES AUẞERIRDISCHE?

IN UNSEREM SONNENSYSTEM GIBT ES KEINE ANDEREN LEBEWESEN. MÖGLICH IST ABER, DASS ES WEITER ENTFERNT IM UNIVERSUM LEBEN AUF ANDEREN PLANETEN GIBT. WIE KÖNNTEN SOLCHE LEBEWESEN AUSSEHEN? GROß UND BEHAART, WINZIG UND PICKLIG, RUND WIE FUßBÄLLE ODER FLACH WIE TELLER?

WIE SIEHT DEIN AUẞERIRDISCHER AUS?

Bildnachweise
U2 und S. 1 Sternenhintergrund Olenia/Shutterstock.com; S. 2 Rakete Vladi333/Shutterstock.com; Raumschiff Dima Zel/Shutterstock.com, S. 3 Rakete mit Raumfähre Vladi333/Shutterstock.com; Raumstation ISS Dima Zel/Shutterstock.com, S. 6 und 8 Sonnensystem Vectomart/Shutterstock.com, S. 8 Hintergrund rvika/shutterstock.com, S. 9 Elena Rastaturina/Shutterstock.com, S. 11 Erde-Sonne-Konstellation sebikus/Shutterstock.com, S. 12 Ebbe Simon Annable/Shutterstock.com; Flut Simon Annable/Shutterstock.com, S. 14 Schattenspiele (unten) VectorShow/Shutterstock.com, S. 16 Mond Daniel Fung/Shutterstock.com, S. 17 Mond umkreist Erde Oleksandr Malysh/Shutterstock.com; Mars Pike-28/Shutterstock.com, S. 18 Stern Triff/Shutterstock.com; Planet Vadim Sadovski/Shutterstock.com, S. 19 Sonne mit Sonnenflecken solarseven/Shutterstock.com, S. 21 Milchstraße Denis Belitsky/Shutterstock.com, S. 22 Weltraumteleskop Hubble Artsiom Petrushenka/Shutterstock.com, S. 23 Hexenbesen-Nebel NASA images/Shutterstock.com; Sombrero-Galaxie NASA images/Shutterstock.com; Pferdekopf-Nebel Dominik Ball/Shutterstock.com; Säulen im Adler-Nebel Egyptian Studio/Shutterstock.com, S. 24 Sternennebel NASA images/Shutterstock.com; S. 26 Sternenbild ingenium//Shutterstock.com, S. 28 Spiralgalaxie Alex Mit/Shutterstock.com; Balkengalaxie NASA images/Shutterstock.com; Elliptische Galaxie vectortatu/Shutterstock.com, S. 29 Sternennebel Outer Space/Shutterstock.com; Stern Zakharchuk/Shutterstock.com; Roter Riese Michael Taylor/Shutterstock.com; Weißer Zwerg sciencepics/Shutterstock.com, Schwarzes Loch muratart/Shutterstock.com, S. 31 Steine Magdalene Krumbeck, S. 32 Nachthimmel mit Sternschnuppe Lena Suetina/Shutterstock.com, S. 33 Komet muratart/Shutterstock.com, S. 35 Erde von oben Timothy Hodgkinson/Shutterstock.com, S. 40 Hintergrund Ana Aguirre Perez/Shutterstock.com; Brot Mny-Jhee/Shutterstock.com; Schere Mega Pixel/Shutterstock.com; Klopapier AlexVik/Shutterstock.com; Buch Amero/Shutterstock.com; Trinkbeutel Africa Studio/Shutterstock.com; Laptop Zovteva/Shutterstock.com; Löffel exopixel/Shutterstock.com; Dose mit Essen innakreativ/Shutterstock.com, S. 41 Raumanzug Fer Gregory/Shutterstock.com, S. 44 tauchende Kinder Teguh Mujiono/Shutterstock.com; S. 45 Lichtschwert BigAlBaloo/Shutterstock.com; Golfball Fetullah Mercan/Shutterstock.com; Golfschläger imagedb.com/Shutterstock.com; Stofftiermaus S_E/Shutterstock.com; Indianer Mega Pixel/Shutterstock.com, S. 46 Raumanzug Vectors Bang/Shutterstock.com

Die Inhalte der Fotos auf den Seiten 2, 18, 22, 29, 30, 33 und 35 wurden von der NASA bereitgestellt.

Bastelbogen Planetenscheibe
Musterbeutelklammer MakroBetz/Shutterstock.com

Spiel „Fit für den Weltraum"
Planeten Vectomart/Shutterstock.com, Spielfiguren mejorana/Shutterstock.com,
Hintergrund Aufgabenkarten Lelene/Shutterstock.com und Illustrationen Antje Hagemann

Bastelbogen Wunschrakete
Illustrationen Antje Hagemann

PEFC/32-31-076

PEFC zertifiziert

Dieses Produkt stammt aus nachhaltig bewirtschafteten Wäldern und kontrollierten Quellen

www.pefc.de

Redaktionelle Leitung Simone Bahrenberg
Redaktion Christina Braun
Spieleredaktion Christoph Cantzler
Bildredaktion Eva Bambach
Autorin Karolin Küntzel
Illustrationen Antje Hagemann

Herstellung Uwe Pahnke
Reihenkonzeption Magdalene Krumbeck
Innengestaltung Grafikbüro Magdalene Krumbeck, Wuppertal
Umschlagsgestaltung 2issue, München
Titelgestaltung Dorina Tessmann
Umschlagsabbildung Antje Hagemann
Druck und Bindung Dimograf, Bielsko-Biala
Printed in Poland

ISBN 978-3-411-70268-8
www.duden.de